JN126768

そのまま使えるモデル英文契約書シリーズ

はじめに

　人口減少が続く中、これまで国内市場のみを対象としてきた日本の中堅・中小企業であっても、ビジネスの維持・発展のためには、海外の旺盛な需要を取り込む必要がある。しかし、同じ文化に属する国内取引先と違って、海外企業との取引では思わぬトラブルが発生することがある。これは、早くから国際取引に乗り出してきた日本の大企業が経験してきたことであり、不慣れだったでは済まないほどの大きな損失を被った例も少なくない。これに対して、中堅・中小企業が国際取引において損失を被った場合、それを吸収するだけの体力がないおそれもある。

　先人が経験した苦い経験を繰り返す必要はない。これから国際取引に乗り出そうとする企業は、過去の経験に学び、国際取引に伴うトラブルに備えた適切な予防措置をとるべきである。すなわち、外国企業から示された英文契約書案にそのままサインするのではなく、日本企業の立場から様々な事態を想定し、相手方に対して逆提案をし、きちんとした交渉を経た上で契約を締結すべきである。とはいえ、国際取引に不慣れな企業にとって、自ら詳細な英文契約書を作成することは困難であり、またその作成を渉外弁護士に依頼した場合には高額な費用が発生する。

　そこで、JCAA では、これまで日本企業が当事者となった仲裁事件を処理してきた経験に照らし、国際取引に不慣れな中堅・中小企業が契約書を作成する際に参考にして頂くべく、本シリーズを発刊することとした。本シリーズでは、各条項の解説の随所で、その条項の説明にとどまらず、その条項が扱っている事項はどのような意味があるのかを自覚的に考えることができるように工夫している。なお、異なるモデル契約書に登場する類似の条項例や解説は必ずしも同一ではないが、趣旨は同じである。

　また、国内の取引では紛争解決はいずれかの地方裁判所での裁判により最終的には解決される旨を定めるのが当然と考えてきたかもしれないが、国際取引をめぐる紛争については、外国での裁判を飲まざるを得ないとすれば、それは外国語で外国訴訟法に基づく手続の末に外国人の裁判官が外国語で判決を下すことを意味する。他方、日本での裁判は相手方の外国企業が拒否することになろう。そのため、国際取引紛争の解決のためには仲裁が用いられることが多い。すなわち、日本人と外国人から構成される仲裁廷により最終的な解決を図るのである。本シリーズでは、JCAA ならではのこととして、仲裁条項のドラフティングについて詳しく説明している。

　本シリーズのモデル英文契約書が実際の契約書作成にあたり参考となれば幸いである。最後に、本シリーズの刊行にあたり、丁寧な監修により最新のモデル契約書に刷新して頂いたアンダーソン・毛利・友常法律事務所の仲谷栄一郎弁護士及び中川裕茂弁護士に厚く御礼申し上げたい。

2020 年 4 月
日本商事仲裁協会（JCAA）仲裁・調停担当執行理事
道垣内　正人

目　次

III. 仲裁条項のドラフティング

CD-ROM：委託販売契約書【英語、日本語】（MS-Word）

I. 委託販売契約の概要

1. 委託販売契約とは

委託販売契約とは、供給者（委託者；consignor）と販売者（受託者；consignee）との間で、販売者が顧客に対する販売の目的で供給者から商品の寄託を受け、これを供給者との約定に基づき、自己の名をもって顧客に販売する契約である。

委託販売契約は問屋契約（商法551条）に該当するとの法律構成が一般的であるが、所有権留保特約付き売買契約と構成することも多い。いずれも、商品が販売者から顧客に売り渡されるまでは、その所有権が委託者に留保されるという点が共通しているが、細部の条件は異なる可能性がある。委託販売という用語は明確な法的意味を有するわけではないので、具体的な取引の実情に即して両者の関係を如何に位置付けるのが最も適切かを十分に検討することが肝要である。

委託販売契約に類似する契約として、代理店契約（Distributorship Agreement、Agency Agreement）がある。代理店契約のうち、Distributorship Agreement の類型に属する契約は、供給者を売主、代理店を買主とする売買契約であり、Agency Agreement の類型に属する契約は、供給者が代理店に対し代理権を付与し、代理店が供給者の代理人として顧客に販売することをその内容とする契約である。委託販売契約は、委託者と受託者が売買契約の当事者とならない点でDistributorship Agreement と異なり、また、受託者が委託者の代理人ではなく、自己の名をもって顧客との間に売買契約を締結し、受託者自身が当事者となる点で、Agency Agreement と異なる。

2. 本条項例

本条項例は、本邦内に本店を有する委託者と外国に本店を置く受託者との間の委託販売契約、すなわち日本側が売主の輸出用として作成されている。

3. 委託販売契約のポイント

委託販売契約において注意すべきポイントは次のようなものである。

（1） 受託者の義務

受託者がどのようなことを行わなければならないかを明確に決めておかないと、争いの元になる。

（2） 最低販売保証

受託者に最低販売保証義務を負わせるかどうかが問題になることがしばしばある。

II. Consignment Agreement（委託販売契約）の条項例（英語、日本語）・解説

■ Recitals ／前文

CONSIGNMENT AGREEMENT

This Agreement, made and entered into this ＿＿＿ day of ＿＿, 20＿＿, by and between ＿＿＿＿ K.K., a corporation duly organized and existing under the laws of Japan with its registered principal place of business at ＿＿＿＿, Japan (hereinafter called "Consignor") and ＿＿＿＿, a corporation duly organized and existing under the laws of ＿＿＿ with its registered principal place of business at ＿＿＿＿, ＿＿＿＿ (hereinafter called "Consignee").

委託販売契約

本契約は、20＿＿年＿＿月＿＿日、日本国＿＿＿＿＿に登録された主たる営業所を有し、日本国法に基づいて適法に設立され、存続している会社である＿＿＿＿＿（以下、「委託者」という。）と、＿＿＿＿＿に登録された主たる営業所を有し、＿＿＿＿国法に基づいて適式に設立され、存続している会社である＿＿＿＿＿（以下、「受託者」という。）との間で締結された。

WITNESSETH:

WHEREAS, Consignor is desirous of selling and exporting "Products" as hereinafter defined, to "Territory", as hereinafter defined, on a consignment basis, and

WHEREAS, Consignee is desirous of acting as consignee for sales of Products in Territory.

NOW, THEREFORE, the parties hereto hereby agree as follows:

記

委託者は、本件製品（以下に定義される。）の本件販売地域（以下に定義される。）への委託販売ベースでの販売及び輸出を望んでおり、

受託者は、本件販売地域において、本件製品の販売のための受託者として活動することを望んでいる。

ゆえに、本契約の両当事者は、以下のとおり合意する。

表題

　契約書の表題として、一般的に使用されている「委託販売契約」を選んだ。

頭書

（1）　頭書には、①当事者の名称、②住所、③契約締結の年月日、④（当事者が法人の場合）設立準拠法を記載する。

（2）　当事者の名称は、何度も繰り返し用いることが煩雑になることがあるので、略称を用いるのが一般的である。この書式では、「委託者」・「受託者」という表現を略称として用いたが、当事者名の略称を用いることもある。

（3）　当事者の住所については、登記・登録上の住所を略記することなく正確に記載すべきである。登記された本店所在地以外に主たる営業所が存在する場合、主たる営業所の所在地を記入することがあるが、その場合その旨を明記しておくべきである。米国などでは、設立された州とは別の州に主たる営業所が置かれることがあるので、設立準拠法とともに主たる営業所をここに記載する実益がある。

（4）　契約締結の年月日は、本文中に特段の定めがない限り、契約期間の起算日となるので、明確にする必要がある。

（5）　設立準拠法は、契約締結能力の有無等の判断の基礎となるため、記載する必要がある。連邦国家の場合、設立準拠法が州法であることもあるので、注意を要する（例えば、米国）。

（6）　なお、頭書には、契約締結地を記載することもある。契約締結地の記載は、契約の準拠法や裁判管轄の規定がない又は不明確である場合に、これらを決定する上での重要な判断要素とされる。

前文

　頭書の次に置かれるのが前文であり、一般に "whereas clause" と呼ばれている。一般に、契約締結に至った経緯、契約の目的等が記載される。通常前文は法的拘束力を持たないと言われているが、契約本文中の各条項の内容が不明であるか、その解釈に争いがある場合には、解釈の基準とされることがあるので、注意して記載する必要がある。したがって、前文を記載する場合、簡潔かつ正確に表現すべきである。

■ Appointment ／任命

Article 1　Appointment

Subject to the terms and conditions set forth herein and during the term of this Agreement, Consignor hereby appoints Consignee as its non-exclusive consignee to sell Products to customers in Territory and Consignee accepts and assumes such appointment.

第１条　〔任命〕

本契約に規定される条項及び条件に従い、本契約の期間中、委託者は、受託者を本件販売地域内の顧客に対し本件製品を非独占的に販売する者として任命し、受託者は、かかる任命を受託し、引き受ける。

解説

第1条　（任命）

委託販売契約は、委託者が受託者に対し販売を委託し、これを受託者が受け入れることによって成立する。本条項例は、委託者が受託者を販売者として任命し、受託者がこれを受け入れるという形で委託販売契約の成立を表現したものである。なお、本条項例では、非独占的（non-exclusive）な販売権を与えている。受託者が規模の大きい実績ある会社等の場合、独占的な権利を与えることもあるが、そうでない場合には、当初は非独占的な権利に止め、実績に応じて独占的な権利を授与する旨規定することによって、受託者の活動意欲を高揚させるという方法も考えられる。

■ Definitions ／定義

Article 2　Definitions

As used in this Agreement, the following terms shall be defined as set forth herein below.

2.01　"Products" means _____.

2.02　"Territory" means _____.

2.03　"Customer" means any company or individual who is, or will be, desirous of purchasing Products in Territory.

第２条　〔定義〕

本契約中において使用される場合、以下の用語は、下記のとおり定義される。

2.01　「本件製品」とは、_____を意味する。

2.02　「本件販売地域」とは、_____を意味する。

2.03　「本件顧客」とは、本件販売地域において、本件製品の購入を望んでいる又は望むであろう会社又は個人を意味する。

解説

第2条　（定義）

契約書中で繰り返し用いられる語句のうち、本契約において特別な意味を有する語句について、

その意味を説明するための規定である。各条項においてその都度説明することも可能であるが、その煩雑さを避けるため、一括して定義条項を設けるのが便宜である。委託販売契約において定義条項を設ける場合、"Territory"（本件販売地域）や "Products"（本件製品）等についての定義を設けるのが通常である。

　本件製品の定義については、名称のほか型番を併記したり、製品によってはサイズも記載するなど、可能な限り明確に規定する必要がある。記載する項目が多い場合や、後に品目を追加・変更する可能性がある場合、別紙に記載して契約書本体に添付するのが通常である。また、製品本体だけでなく、予備品や消耗品など供給の対象となるものについては全て記載すべきである。対象の追加や変更が予定される場合には、その旨及び手続（例えば、一定期間をおいた事前の通知）について明記しておくことが有益である。

　本件販売地域の定義は、受託者が活動できる範囲を規定するものである。販売地域の特定は明確になされなければならず、通常、国や州などの行政区画を基準に表示される（例えば、米国の一部を地域とする場合、各州名を具体的に挙げる）。"East Coast of USA" のような曖昧な表示は避けるべきであり、一見して地域が特定される表示を用いるべきである。委託者の立場からは、受託者の実績によって、将来販売地域を拡大・縮小する権利を委託者が留保することも一考に値する。その場合の条項例としては、次のようなものが考えられる。

〔拡大する場合〕

In case Consignee reaches its sales amount more than _____ in the first calendar year hereof, Consignor may additionally extend Territory to _____ at Consignor's sole discretion.	受託者による契約初年度における売上高が［　　］を上回った場合、委託者は自らの判断で、本件販売地域を［　　］まで拡大することができる。

〔縮小する場合〕

In case Consignee falls short of the minimum sales amount of _____ in the first calendar year hereof, Consignor may limit Territory to _____ at Consignor's sole discretion.	受託者による契約初年度における売上高が［　　］を下回った場合、委託者は自らの判断で、本件販売地域を［　　］まで限定することができる。

■　**Authority of Consignee ／受託者の権限**

Article 3　Authority of Consignee 3.01　Consignee shall be authorized to	**第3条　〔受託者の権限〕** 3.01　受託者は、本件販売地域において、

receive orders or buying offers from Customer for Products in Territory and to enter into sales contracts of Products with any Customer within Territory in its own name for Consignor, provided that nothing in this Agreement contained shall preclude Consignor from direct transactions with any Customer in Territory.

3.02 The relationship hereby established between Consignor and Consignee shall be solely that of consignor and consignee. Consignee shall be in no way the representative or agent of Consignor for any purpose whatsoever, and shall have no right or authority to create or assume any obligation or responsibility of any kind, express or implied, in the name of Consignor, or to bind Consignor in any manner whatsoever.

3.03 If Consignee executes any sales contract on Products with Customer, Consignee shall use a contract form attached hereto as Exhibit A.

本件顧客からの本件製品に対する注文又は購入の申込みを受領し、かつ、本件販売地域内において、自己の名をもって委託者のために、本件製品に関する売買契約を本件顧客と締結する権限を与えられる。ただし、本契約のいかなる条項も委託者が本件顧客と直接取引することを妨げるものではない。

3.02 本契約により成立する委託者と受託者間の関係は、もっぱら委託・受託の関係である。受託者は、いかなる目的においても、決して委託者の代表者又は代理人ではなく、また明示・黙示の如何を問わず、委託者の名において、いかなる種類の義務もしくは責任を創設しもしくは引き受け、又はいかなる方法においても委託者を拘束する権利又は権限を有しないものとする。

3.03 受託者が本件製品の売買契約を本件顧客と締結する場合、本契約書に付属書Aとして添付される契約書式を用いなければならない。

解説

第3条 〔受託者の権限〕

　本条項は、受託者が委託者に代わって販売する権限の範囲を明らかにしている。

3.01 第1条において受託者は独占的な権限を与えられているわけではないので、理論的には委託者の直接販売権が留保されていると考えられるが、ここでは、そのことを確認的に

明記したものである。

3.02 本契約における当事者の関係を明確にするための規定である。すなわち、受託者は委託者の代理人ではないことを明確にし、また受託者は自己の名をもって顧客との間で売買契約を締結するのであって、委託者の名において義務又は責任を引き受けないことを確認している。

3.03 販売権限を受託者に与えたことから、受託者による不当な条件での売買契約締結を防止するための規定である。

■ Independent Business ／独立の業務

Article 4 Independent Business	第4条 〔独立の業務〕
Consignee shall be an independent contractor of Consignor for the sales of Products in Territory. Unless otherwise stipulated in this Agreement, Consignor shall not be responsible for any cost or expense incurred by Consignee in connection with the performance of its obligations hereunder.	受託者は、本件製品の本件販売地域における販売のための委託者から独立した事業者である。委託者は、本契約上別段の定めがある場合を除き、本契約に基づく義務の履行に関連して受託者が支出するいかなる負担又は費用についても、責任を負わない。

解説

第4条 〔独立の業務〕

　本条項例は、単なる商業使用人のように、受託者が本人である委託者に対して従属する関係に立つのではなく、委託者の組織外にあって独立の事業者であることを規定している。また、委任事務を処理するための費用につき、受任者が委任者に対し前払い請求権又は償還請求権を有するのが原則である（民法 649 条、650 条）が、本条項は、これを修正し、受託者が本契約上の義務の履行に関する費用を自ら負担するとしている。

■ Duties of Consignee ／受託者の義務

Article 5 Duties of Consignee	第5条 〔受託者の義務〕
5.01 During the term of this Agreement, Consignee shall;	5.01 本契約の期間中、受託者は；
(a) Store Products for sale bailed by Consignor hereunder in the place agreed upon between the parties hereto with due	(a) 本契約に基づき委託者から寄託された販売用の本件製品を、善良な管理者の注意をもって、当事者間で合意した場所において保管し、本件製品の商品価値を落とさない

care of a prudent manager and take care not to decrease the merchandise value of Products, and whenever Consignee wants to move Products therefrom, Consignee shall inform Consignor of such movement and obtain Consignor's prior approval,

(b) Have a showroom where Products shall be displayed to potential Customers,

(c) Collect and remit to Consignor the total sales value of all Products sold by Consignee under the sales contract provided in Article 3 hereof within seven (7) days after the date on which Products are sold,

(d) Keep Consignor informed of all matters that come to its attention which may be of interest to Consignor in connection with Consignee's business,

(e) Make such reports as stipulated herein or as required by Consignor from time to time relating to its duties hereunder,

(f) Render services as stipulated herein or as required by Consignor hereunder from time to time, and

(g) Not intentionally make any false representations, reports or claims in connection with the business of the parties hereto.

ように努め、本件製品をそこから移動することを望む場合はいつでも、その旨を委託者に通知し、その事前の承諾を得るものとし、

(b) 潜在的な本件顧客に本件製品を展示するためのショールームを所有し、

(c) 本件製品が販売された日から７日以内に、本契約３条に規定された売買契約に基づき受託者が販売した全ての本件製品の総売上額を集金して委託者に送金し、

(d) 受託者の事業に関して委託者の関心事となりうる事項を知るに至った場合、その事項を全て委託者に通知し、

(e) 本契約に基づく受託者の義務に関連して本契約に規定され、又は委託者から随時要求される報告をなし、

(f) 本契約に規定され、又は本契約に基づき委託者が随時要求するサービスを提供し、かつ、

(g) 両当事者の業務に関して虚偽の表示、報告又は請求を故意に行わないものとする。

5.02 委託者は、本契約の期間中、受託者に対して本件製品を供給するものとする。供給される本件製品の数量、品目及び供給時期は、委託者の裁量によって決せられる。

5.02 Consignor shall provide Consignee
with Products during the term
of this Agreement. The quantity
and items of such Products, and
the time when such Products are
provided shall be decided upon
by Consignor at its discretion.

解説

第5条 〔受託者の義務〕

5.01 本条項は、受託者の契約上の義務を列挙している。

(a) 委託販売契約における受託者の地位が、Distributorship Agreement における販売店（Distributor）の地位と異なる点として、供給された商品の所有権が供給者である委託者に留保される点がある。商品は委託者から受託者に寄託（bail）され、受託者は、販売のために自己が占有する商品を善良な管理者の注意をもって保管する義務を負う。このことを規定したのが本条項である。

(b) 本件製品の販売方法として、顧客に展示する場所を確保しなければならないとする旨の条項である。

(c) 委託販売契約においては、法律上は受託者が顧客との売買契約の売主としての地位に立つが、委託者の計算において行われるため、委託者に販売代金を支払うべき旨を定める必要がある。これに対し、Agency Agreement においては、販売店は本人の代理人として顧客と契約を締結するため、商品の所有権は委託者から直接顧客に移転することになる。したがって、販売店は顧客に対する売買代金の請求権を当然には有さず、顧客からの売買代金の回収義務も当然には負わない。

(d) 本契約が委任契約の一種であることから、受任者の委任者に対する報告義務（民法645条）の一環として定められる義務である。

(e) (d) と同趣旨の条項である。

(f) 本条項は、(a) ないし (e) の受託者の義務に加えて、その他の付随的義務を定めた条項である。

(g) 本条項は、受託者の義務として、受託者が故意に虚偽の表示、報告、請求等を行うことを禁止するものである。

5.02 本条項は、本件製品の数量、品目及び供給の時期について委託者の裁量で決せられる旨を定めることによって、委託者が本件製品の供給義務を負わない旨を明らかにしたものである。

■ Price ／価格

<table>
<tr><td>

Article 6　Price

6.01　The price for each Product sold to Customer hereunder shall be as stipulated in Exhibit B attached hereto.

6.02　Consignor may change the price of Products at any time by giving thirty (30) days' prior notice thereof.

</td><td>

第 6 条　〔価格〕

6.01　本契約に基づき顧客に対して販売される本件製品の各々の価格は、本契約書に添付される付属書 B に規定されるものとする。

6.02　委託者は、製品価格の変更に関する 30 日前の事前通知を発することによって、いつでも本件製品の価格を変更することができる。

</td></tr>
</table>

解説

第 6 条　〔価格〕

6.01　対象商品の種類や次項に基づく価格の変更も考慮して、別紙付属書で定める形式にしている。

なお、受託者による販売価格を拘束することが、独占禁止法上違法とされる再販売価格の拘束に該当しないかが問題となるが、公正取引委員会の定めた「流通・取引慣行に関する独占禁止法上の指針」によれば、真正の委託販売の場合であって、受託者が受託商品の保管、代金回収等についての善良な管理者としての注意義務の範囲を超えて、商品が滅失・毀損した場合や商品が売れ残った場合の危険負担を負うことがないなど、当該取引が委託者の危険負担と計算において行われている場合には、独占禁止法上違法とはならないとしている。

6.02　本条項は、市場価格の変化に対応するため、委託者による価格変更権を規定している。ここでは、委託者のみが変更権を有する旨規定してあるが、受託者にも一定の条件で価格決定権を付与することもあり得る。受託者が強力な販売力と実績を有する会社である場合には、市場に直面している受託者に価格変更権を与えることは販売戦略上、有益であることも多いと考えられる。受託者に価格変更権を付与する場合、次条において最低販売額を定めておけば、価格の変更によって委託者に生ずる不利益は最小限度に抑えることができる。

■ Minimum Sales Guarantee ／最低販売保証

<table>
<tr><td>

Article 7　Minimum Sales Guarantee

7.01　During the term of this Agreement, Consignee shall guarantee the minimum sales of Products in

</td><td>

第 7 条　〔最低販売保証〕

7.01　本契約有効期間中、受託者は、以下に規定される本件販売地域における本件製品の最低販売額を保証

</td></tr>
</table>

Territory as set forth below:

US$(　　) for the first year period

US$(　　) for the second year period

*　　　　*

*　　　　*

7.02　In case Consignee fails to attain the minimum sales stipulated in Paragraph 7.01 during any one (1) year period, Consignor may, at its option, terminate this Agreement.

する。

　契約初年度：＿＿＿＿＿＿米ドル

　契約二年度：＿＿＿＿＿＿米ドル

*　　　　*

*　　　　*

7.02　受託者が各契約年度において、7.01項に規定される最低販売額を達成しない場合、委託者は、自己の選択に従って、本契約を解約することができる。

解説

第7条　〔最低販売保証〕

7.01　最低販売保証義務は、独占的（exclusive）な販売権授与の見返りとして要求されることが多い。したがって、本条項例のように、独占的販売権を認められていないにもかかわらず、最低販売保証義務を負う場合、受託者にとって過重な負担となる可能性がある。しかし、対象商品の市場性や受託者の販売能力が未知数であるような場合、委託者の解約権を留保しつつ、対象商品の市場性や受託者の市場開拓能力を試し、かつ、8条に規定する受託者の販売促進活動への意欲を惹起するために、このような義務を規定する意義がある。こうした考え方からすれば、最低販売額は、受託者にとって達成可能な額を規定する必要がある。なお、対象商品の価格の変更によって本保証義務に影響を与えることを極力防止するために、販売される商品の数量ではなく、販売代金を基準にして計算するように規定すべきである。本条では規定してはいないが、例えば、受託者が2年連続して最低販売額を達成することを条件に独占権を与える旨規定することも有益であろう。

7.02　本条項は、各契約年度の販売額が7.01項に定める最低販売額に達しない場合、委託者が本契約を解除することができるとする規定である。委託者の立場からは、受託者の販売能力や対象商品の市場性が未知数である場合に、このような解約権を留保しておくことが考えられる。

■　Sales Promotion and Maintenance ／販売促進及び保守

Article 8　Sales Promotion and Maintenance	第8条　〔販売促進及び保守〕
8.01　Consignee shall exert its best	8.01　受託者は、本件販売地域内におい

efforts to develop the market for and promote the sales of Products, the reputation thereof, and Customer's confidence in Products within Territory. To this end, Consignee shall, at its own cost, conduct an adequate advertising and promotion program to develop the market for Products in Territory.

8.02 Consignor shall make available, with or without charge, catalogues, brochures, leaflets, literature, manuals, etc. to the extent and in quantities agreed upon by the parties hereto.

8.03 Consignee shall, at its own cost, keep itself manned with qualified mechanics and equipped with sufficient repair facilities so that reasonable after-sales-services designated by Consignor, including any repair and necessary action set forth in Paragraph 8.04 may be offered to Customers of Products.

8.04 Consignee shall, within the scope of its technical capability, repair any Products which are defective in design, material or workmanship during the warranty period provided in each sales contract of Products between Consignee and Customer. In case Consignee receives from Customer claims on any defects

て、本件製品の市場を開拓し、本件製品の販売、評判及び本件製品に対する顧客の信頼を促進するために最善の努力を尽くすものとする。このため、受託者は、本件販売地域内における本件製品の市場開拓にとって十分な宣伝活動及び販売促進活動を自己の費用をもって行う。

8.02 委託者は、有償又は無償で、カタログ、パンフレット、リーフレット、出版物、マニュアルその他の資料を、本契約の当事者間で合意された範囲と量において供給する。

8.03 受託者は、本件製品につき委託者が指示する相当のアフター・サービス（8.04項に定める修理及び必要な措置を含む）を本件顧客に提供できるように、自己の費用をもって、資格のある技術者を配置し、かつ十分な補修設備を配備するものとする。

8.04 受託者は、受託者と本件顧客との間の本件製品についての個別の売買契約に規定される保証期間中、その技術的能力の範囲内で、設計、素材又は出来栄えについて瑕疵のある本件製品を修理するものとする。受託者が顧客から本件製品に瑕疵があるというクレーム又は操作上のトラブルの通知を受領した場合、受託者は、直ちに、当該クレーム又は通知について委託者に報告する。その解決が受託者の技術的能力の範囲を超えたものである場合、受託者は、委託者の指示に従っ

| or notices of operational trouble with Products, Consignee shall inform Consignor of such claims or notices immediately. If such defects or troubles are beyond Consignee's technical capability, Consignee shall take any necessary action in accordance with Consignor's instruction. | て、あらゆる必要な措置を講じるものとする。 |

解説

第8条　〔販売促進及び保守〕

8.01　本条項は、受託者の販売促進義務を定めたものである。テレビCM・雑誌広告等をはじめとする様々なメディアによる宣伝・広告が商品の売れ行きに絶大な影響を及ぼすことの多い今日、委託者から提供されるパンフレット等のみで十分な販売促進効果があげられるかは疑問である。したがって、委託者側から見れば、委託販売契約の中で広告・宣伝費用は受託者の負担とする旨の条項を設けるのが適当である。もっとも、受託者の立場に配慮して、テレビCM・雑誌広告等の作成に要する費用等を、委託手数料とは別枠で一定額供与することも考えられる。その場合には、8.01項の「In this connection」以下の文章に代えて、次のような条項を規定することが考えられる。

| To cover all costs and expenses necessary for the advertisement and sales promotion of Products, Consignor shall pay to Consignee during the period of this Agreement a sum at the rate of US$____ per three (3) calendar months. Each of such payments shall be remitted within thirty (30) days after the close of each calendar quarter during the said period. | 本件製品の宣伝及び販売促進に必要な費用を補うため、委託者は受託者に対し、本契約期間中、3ヶ月につき、_____米ドルの割合による金額を支払うものとする。その支払いは、上記期間中、各暦年の四半期の最終日から30日以内に送金されなければならない。 |

8.02　本条項は、本件製品の宣伝活動及び販売促進活動における委託者の一定の協力義務を定めたものである。委託販売契約においては、委託者は、対象商品を供給する立場にあり、対象商品の特徴等に熟知していると考えられることから、対象商品の販促物についての供給責任は、委託者が負うのが通常である。

8.03　本条項は、いわゆるアフター・サービス（次項における瑕疵担保責任の履行としての修理も含む）の供給体制の整備義務について定めた規定である。対象商品の内容によっては、委託者から受託者に対し一定の技術訓練の提供が必要な場合もあり得る。技術訓練は、委託者が指導員を受託者に派遣する方式と、受託者側の一定の人員を委託者の施設に招いて行う方式とが考えられる。受託者が技術訓練のためにその職員を委託者側に派遣する場合の規定としては、以下のようなものが考えられる。

Consignee shall send its personnel of its own choice, a number of which shall be agreed upon by the parties hereto, to Consignor's facility for the purpose of being trained in the installation, operation, repair and maintenance of Products. Consignor shall train such dispatched personnel of Consignee for a period one (1) month. The costs and expenses of such technical training as provided in this paragraph shall be borne by Consignee.	受託者は、本件製品の据付け、操作、修理及び保守に関する訓練を受けることを目的として、両当事者が合意する人数で受託者が選定する職員を委託者の施設に派遣するものとする。委託者は、当該派遣職員を1ヶ月間訓練する。本条項に規定される技術訓練の費用は、受託者の負担とする。

8.04　本条項は、いわゆる瑕疵担保責任に関する規定である。ここでは抽象的な内容に留まっているが、対象商品に応じて、可能な限り具体的に受託者が修理すべき瑕疵を明示し、かつ、受託者の具体的な技術能力及び想定されるトラブルに応じた措置を明記することが望ましいと考えられる。

■　Title ／所有権

Article 9　Title 　The absolute title to all Products consigned to Consignee by Consignor shall remain in Consignor until such Products are purchased by Customer pursuant to a sales contract between Consignee and Customer.	**第9条　〔所有権〕** 　委託者から受託者に委託される全ての本件製品の所有権は、それらが受託者と本件顧客との間の売買契約に基づいて本件顧客によって購入されるまでは、委託者に留保される。

解説

第9条　〔所有権〕

委託販売契約における対象商品の所有権は、顧客に販売されるまでは委託者の下に留保され、寄託（bail）によって占有のみが受託者に移転する（5条(a)の解説参照）。本条は、その点について明記するものである。

■ **Insurance／保険**

Article 10　Insurance	第 10 条　〔保険〕
Consignee shall, at Consignor's expense, insure Products consigned to Consignee by Consignor with a reputable and solvent insurance company against any loss, damage, theft, injury, disappearance, or destruction by any cause while in the possession or custody of Consignee stipulated in Paragraph 5.01(a) hereof for an amount equal to the amount due to Consignor if Products were sold.　Consignor shall be named in the policy or policies as the beneficiary and any policy shall be delivered to Consignor.	受託者は、本契約 5.01(a) 項に規定される受託者による占有または保管中、委託者から受託者に寄託された本件製品について、委託者の費用負担で、あらゆる原因による損失、損害、盗難、破損、消失又は損壊に対し、評価の高い支払能力ある保険会社による本件製品が販売される際に委託者に支払われる金額と同額の保険を付保するものとする。委託者は、保険証券上に保険金受取人として記載されるものとし、いかなる保険証券も委託者に引き渡されるものとする。

解説

第 10 条　〔保険〕

　前条に規定するように、委託販売契約においては、対象商品の所有権は委託者の下に留保されるので、それに伴い危険負担も委託者が負うことになる。そこで、委託者は自己の費用負担で当該対象商品に保険を付保しておく必要がある。本条は、付保のための費用（保険料）は委託者の負担としつつ、付保の手続は受託者が行う旨を規定するものである。もっとも、委託者が付保手続を容易に行うことができるのであれば、受託者に委託しなくても、委託者自身が行うことにしても特段の問題はない。なお、委託者の立場からは、保険会社の選択や、付保の範囲及び保険料等の保険の内容について、委託者が指示することができる旨を規定しておくことも考えられる。

■ **Commission／手数料**

Article 11　Commission	第 11 条　〔手数料〕
11.01　In consideration of performance of Consignee's obligation hereunder, Consignor shall	11.01　本契約に基づく受託者の義務の履行の対価として、委託者は受託者に対し、本契約の効力発生日以降

pay Consignee by way of commission _____ percent (___%) of the Products' value which has been collected and fully remitted by Consignee to Consignor on or after the effective date of this Agreement.

11.02 Consignor shall remit in U.S. dollars to Consignee's designated bank account within thirty (30) days after the close of each calendar quarter the amount of the commission due to Consignee in accordance with Paragraph 11.01 upon Products for which the full sales amount has been remitted by Consignee to Consignor in the preceding three (3) months, provided that Consignee shall have no claim against Consignor for its commission until the sales amounts are fully remitted to Consignor.

11.03 Subject to the provisions of Article 18 or 19 hereof, upon the expiration or termination of Consignee's appointment in Territory hereunder, Consignee will be entitled to receive its commission for all Products for which sales contracts are made by and between Consignee and Customer before such expiration or termination. Provided that all

受託者によって回収され委託者に全額送金された全ての本件製品の価格の___パーセントを手数料として支払わなければならない。

11.02 委託者は、各暦年四半期の最終日から30日以内に、かかる四半期毎の最終日以前の3ヶ月間に受託者から委託者に販売額が全額送金された本件製品について、前項の定めに従い受託者に支払われるべき手数料を米ドルで受託者の指定する銀行口座に送金して支払うものとする。ただし、販売額の全額が委託者に送金されるまでは、受託者は委託者に対し、手数料に関し、いかなる請求もできないものとする。

11.03 本契約18条又は19条の定めに従い、本契約に基づく本件販売地域内における受託者としての任命の効力が終了し又は解約された場合、受託者は、本件顧客との間で売買契約が締結された本件製品に係る注文の全てについて、手数料を受け取る権利を有する。ただし、かかる本件製品の販売額の全額が、本契約の終了又は解約後3ヶ月以内に委託者に送金された場合に限る。

sales amount of such Products
are remitted to Consignor within
a period of three (3) months
after the date of expiration or
termination of this Agreement.

解説

第11条 〔手数料〕

　本条は、受託者の受け取る手数料に関する規定である。一般に、委託手数料に関する規定を設ける場合、①手数料の算定基礎額、②手数料の利率、③手数料支払いの対象期間、④支払時期、⑤支払方法が定められる。

11.01　本条項は、委託手数料に関する上記事項のうち、①手数料の算定基礎額、②手数料の利率及び③手数料支払いの対象期間について定めるものである。③の手数料支払いの対象期間については、11.03項において、契約の終了又は解約の前に委託者によって受領され、かつ承認された注文にかかる手数料を支払うものとされている関係から、「本契約の効力発生日以降」という表現となっている。

11.02　本条項は、委託手数料に関する上記事項のうち、④支払時期及び⑤支払方法についての定めである。但書は、委託者保護のための条項であり、販売代金の全額が委託者に引き渡されない限り委託手数料が支払われないとするものである。

11.03　本条項は、本契約が期間満了又は解約によって終了しても、受託者は、契約期間中に成約した商品についての手数料を受領する権利を有する旨を規定するものである。

■　Expense and Import Customs Duty／費用及び輸入関税

Article 12　Expense and Import Customs Duty

12.01　Consignor shall remit to Consignee all expenses incurred for transportation of Products from Consignor to Consignee's warehouse and/or showroom where Products for sale are stored and the import customs duty imposed on Products, without delay after such expenses are known.

第12条 〔費用及び輸入関税〕

12.01　委託者は、委託者から本件製品が販売目的で保管される受託者の倉庫及び／又はショールームまでの本件製品の輸送にかかった全ての費用、並びに本件製品に課せられる輸入関税の総額を、これらの金額の判明後遅滞なく受託者に送金する。

12.02　委託者は、本契約10条に規定される保険料の総額を、その保険証書を受託者から受領次第遅滞な

12.02 Consignor shall, without delay, remit to Consignee the amount of insurance premium stipulated in Article 10 hereof upon having received from Consignee the policy (policies) thereof.	く、受託者に送金して支払う。

解説

第12条 〔費用及び輸入関税〕

12.01 本条項は、商品の輸送に要する費用及び輸入関税は、委託者の負担とするものである。委託販売契約においては、受託者から顧客に販売されるまでの間は、商品の所有権は委託者に留保される。このことから、委託者から受託者までの商品の輸送に要する費用及び輸入に関して生じる関税は、委託者の負担とするのが一般的である。

12.02 本条項は、本契約10条に規定した保険料の支払方法を定めたものである。保険料の支払いを、受託者による保険証書の交付を条件にすることによって、保険証書の交付が遅滞なく確実に行われるようにするための規定である。

■ Information and Reports ／情報及び報告

Article 13 Information and Reports	第13条 〔情報及び報告〕
13.01 During the term of this Agreement, Consignee shall furnish Consignor with monthly reports showing the circumstances of distribution, market conditions, stock conditions, names of Customer, service conditions and any other activities of Consignee required by Consignor. Consignee shall also furnish with such reports in compliance with Consignor's particular requests made from time to time.	13.01 本契約の期間中、受託者は委託者に対し、販売環境、市場の状況、在庫の状況、顧客の氏名、サービスの状況その他委託者が要求する受託者の活動を示した1ヶ月ごとの定期的報告書を提出するものとする。受託者は、委託者から特定の要求があれば随時、これに従い同様の報告書を提出するものとする。
13.02 Consignor shall, at Consignee's request, furnish Consignee with	13.02 委託者は、受託者の要求に基づいて、本件製品の販売促進に適当と委託者が考える情報を、受託者に提供する。

information which Consignor considers appropriate for promoting the sales of Products.	

解説

第13条 〔情報及び報告〕

　本条は、委託販売の円滑な運営及び販売促進を目的として、市場動向や販売状況に関する情報を共有するための規定である。

13.01　本条項は、上記の目的を実現するため、受託者に対し、販売環境、市場動向及び在庫の状況等、委託販売に関する一定の情報について、定期的な報告義務を課す規定である。受託者からの定期的報告書については、委託者にとって必要な事項を列挙した書式をあらかじめ定めておき、別紙として添付する方法も考えられる。定期報告の期間については、ここでは1ヶ月としたが、対象商品の性質・販売量等に応じてより長い期間を設定することもあり得る。本条のように、受託者に対して定期的報告に加えて委託者の要求に応じた報告義務を定めているような場合には、報告の期間は長めに設定しても委託者にとって著しく不利になることはないと考えられる。しかし、競争の激しい商品の場合、次々と他社の新製品が市場に登場してくるので、定期報告の期間は短めに設定すべきである。いずれにしても、対象商品にとって最も適切な期間を記載すべきである。

13.02　本条項は、受託者からの要求があった場合、委託者の裁量により、受託者による販売の促進に適当と考えられる情報を提供することを定めた条項である。例えば、対象商品に関連して改良品や新製品が開発されたような場合、それらに関する情報は、販売促進のために有益であると考えられる。

■　Intellectual Property Rights ／知的財産権

Article 14　Intellectual Property Rights	**第14条　〔知的財産権〕**
14.01　Consignee acknowledges that any and all patents, designs, utility models, trademarks and copyrights used in Products and trade name of Consignor shall remain the sole property of Consignor and Consignee shall not in any way dispute Consignor's rights in connection with them.	14.01　受託者は、本件製品に使用されている全ての特許権、意匠権、実用新案権、商標権及び著作権、並びに委託者の商号が委託者の専属的財産であること、これらの財産に関する委託者の権利について争わないことを認める。
	14.02　受託者は、書面による事前の委託者による承諾がある場合を除き、委託者の知的財産権を、本件販売

14.02 Consignee shall not register Consignor's intellectual property rights in Territory without a prior written consent of Consignor.

14.03 Consignee shall not make use of, and shall not let its employees make use of, Consignor's trade name, trademarks, or other intellectual property in advertisement except to the extent that such name and marks appear on literature issued by Consignor or to the extent that it discloses its capacity as Consignee for Consignor in a manner approved in advance by Consignor in writing.

地域内において登録しないものとする。

14.03 受託者は、宣伝広告のため、委託者の商号、商標もしくはその他の知的財産権を使用してはならず、かつその従業員に使用させてはならない。ただし、委託者によって発行された出版物上にかかる名称やマークが記載されている場合、及び委託者が事前に書面で承諾した方法により、委託者にとっての受託者である資格を表示する場合はこの限りでない。

解説

第14条 〔知的財産権〕

14.01 本条項は、本件製品にかかる特許権等の知的財産権が委託者に帰属する旨を確認すると共に、そのことにつき受託者が争わないことを定めた規定である。

14.02 本条項は、知的財産権が委託者に帰属することの帰結として、本件製品にかかる特許権等の知的財産権の登録をする権利が委託者に留保されていることを明らかにする規定である。

14.03 本条項は、委託者と受託者との混同を生じないように、受託者が委託者の商号・商標などを使用する際の使用方法の制限を規定するものである。

■ Confidentiality ／秘密保持

Article 15　Confidentiality

15.01 During the term of this Agreement and thereafter, Consignee shall keep in confidence all business

第15条 〔秘密保持〕

15.01 本契約の期間中及びその後も、受託者は、本契約の締結を予測して又は本契約に基づき委託者から受託者に開示又は提供された全ての

and technical information (hereinafter collectively called "Information"), in whatever form, whether tangible or intangible, which Consignor discloses or supplies to Consignee in anticipation or pursuant to this Agreement. Provided, however, that the following information is excluded from Information.

(1) Information which entered the public domain at disclosure;

(2) Information which later enters the public domain after the disclosure through no fault of Consignee;

(3) Information which is owned by Consignee at the disclosure;

(4) Information which is received by Consignee from a third party without a confidentiality obligation.

15.02 Any Information shall be disclosed to only those employees of Consignee who need to know or to receive such Information to sell and/or use Products and shall be used solely for the purpose for which it was furnished. Provided, however, that Consignee shall be responsible for making such employees abide by the confidentiality obligation set forth in the preceding paragraph.

業務及び技術情報（以下、まとめて「本件情報」という）を、その形式の如何を問わず、また有形無形を問わず、秘密扱いとして保護しなければならない。ただし、次に掲げる情報は、本件情報から除かれるものとする；

(1) 開示のときに公知であった情報；

(2) 受託者の責めに帰すべき事由によらずして、開示後公知になった情報；

(3) 開示のときに既に受託者が保有していた情報；

(4) 受託者が第三者から秘密保持義務を課せられることなくして受領した情報

15.02 いかなる本件情報も、本件製品の販売及び／又は使用のため、かかる情報を知り又は受領する必要がある受託者の限られた従業員に対してのみ開示され、それが提供された目的のみに使用されなければならない。ただし、受託者は、当該従業員に前項の秘密保持義務を遵守させることにつき責任を負うものとする。

第15条 〔秘密保持〕

15.01 委託販売契約といえども、販売に関する情報はもちろん、商品に関する技術的な情報も委託者から受託者に開示・提供されるので、秘密保持条項を必ず規定すべきである。対象となる情報の範囲については、契約期間中に提供されるものに限らず、契約締結前にこれを前提として、又は契約締結のために（受託者が委託を受け入れるか否かの判断をするためには、対象商品に関する一定の情報を検討することが不可欠である）提供される情報も含めるべきである。また、情報の開示・提供される形式は様々であるから、形式の如何を問わないとする点についても規定が必要である。

なお、本契約では、秘密保持義務の効力は本契約の終了後も存続する旨明記しているが、秘密保持義務の効力の残存期間（例えば契約終了後3年間）を限定することも多く見られる。その場合、次のような条項が考えられる。

During the term of this Agreement and three (3) years after the expiration or termination of this Agreement, Consignee shall keep in confidence all business and technical information, in whatever form, whether tangible or intangible, which Consignor discloses or supplies to Consignee in anticipation or pursuant to this Agreement.	本契約の期間中及び本契約の終了もしくは解約後3年間、受託者は、本契約の締結を予測して又は本契約に基づき委託者から受託者に開示又は提供された全ての業務及び技術情報を、その形式の如何を問わず、又有形無形を問わず、秘密扱いとして保護しなければならない。

なお、本条項は、開示時に公知の情報、開示後に受託者の責めによらずに公知となった情報、開示時に既に受託者が所有していた情報、受託者が第三者から取得した情報については、秘密保持義務の対象として不適当と考えられることから、秘密保持義務の対象から除かれるものとしている。

15.02 本条項は、本契約上の義務を履行するために本件情報を必要とする人員にのみ本件情報を提供することを認める規定である。ただし、本件情報を提供される従業員は、本契約の当事者ではないことから、受託者が責任をもって、当該従業員に本契約上の秘密保持義務を遵守させるように規定を設ける必要がある。

■ Account Books and Inspection ／会計帳簿及び検査

Article 16 Account Books and Inspection	第16条 〔会計帳簿及び検査〕
16.01 Consignee shall keep account books and records, including	16.01 受託者は、本件製品の販売に関する本件顧客との全ての取引を網羅

complete information covering all of its transactions with Customers in connection with the sales of Products and such books and records shall be open at all times during the business hours of Consignee for inspection by a duly authorized representative of Consignor.

16.02　Consignor's duly authorized representative may have access at all times during the business hours of Consignee to the places of business of Consignee and other places in which Products are stored, and may check the stock conditions of Products.

する完全な情報を含む会計帳簿及び記録を保持するものとし、当該帳簿及び記録は、受託者の営業時間内いつでも正当に権限を授与された委託者の代理人による検査のために開示されるものとする。

16.02　委託者から正当に権限を授与された代理人は、受託者の営業時間内いつでも本件製品が保管されている受託者の営業所等を訪問し、本件製品の保管状況を検査することができる。

解説

第16条　〔会計帳簿及び検査〕

　委託者と受託者との法律上の関係は委任関係であるから、受託者は委任事務について善良な管理者の注意義務をもってこれを行わなければならない（民法644条）。しかし、受託者が現実にこのような注意義務を尽くして委任事務を遂行しているかどうかを委託者においてチェックすることができなければ、かかる善管注意義務の実効性を確保できない危険がある。特に、委託者が受託者の販売実績や販売能力について知らない場合には、一層その危険性が高い。本条は、このような観点から、委託者による当該帳簿・記録の閲覧権及び本件製品の保管状況についての立入検査権を規定するものである。

16.01　本条項は、受託者の販売実績や経過その他の情報が帳簿その他の形で記録され、かつこれらの記録を閲覧して、受託者がその責務を適切に果たしているかどうかを委託者が知ることができるようにするための規定である。

16.02　本条項は、委託者が本件製品を保管する受託者の営業所への立入り検査に関する条項である。

■ Term ／期間

Article 17　Term	第 17 条　〔期間〕
The term of this Agreement is for a period of three (3) years commencing from the date first written above unless otherwise terminated under the provisions of Article 7, 18 or 20 hereof.	本契約の期間は、本契約 7 条、18 条又は 20 条に従って解約されない限り、冒頭に記載された日付から 3 年間とする。

解説

第 17 条　〔期間〕

(1) 契約期間は、委託販売契約に基づく権利義務の原則的な存続期間である。特定の期間を定めない契約もあるが、その場合、相当な期間をおいた相手方に対する通知をもって契約を終了させることになる。そのような定め方は契約関係を不安定にするため、信頼関係がある当事者間の契約の場合を除き、このような方式が採られることは少ないであろう。本条では期間を 3 年としたが、初めて契約する相手方で、相手方の実績や販売能力等について未知の場合には、より短期（例えば 1 年）にして、その後に更新可能とする方がよいと思われる。本条では特に規定していないが、更新についての規定をおくことも考えられる。その場合、原則終了とするか、とくに異議のない限り自動的に更新されるとするか、受託者との関係の深さや信頼関係の程度に応じて、最も適当な方式にすべきである。

(2) 本条項例では、期間の起算日である契約発効日を契約書冒頭記載の年月日としているが、この日は契約当事者による署名がなされた年月日と同一である。

■ Expiration and Termination ／期間満了及び解約

Article 18　Expiration and Termination	第 18 条　〔期間満了及び解約〕
18.01　Either party may terminate this Agreement, if the other party has breached any term or condition of this Agreement and failed to cure such breach within thirty (30) days after a written notice requesting cure of the breach.	18.01　いずれの当事者も、その相手方が本契約の条項又は条件のいずれかに違反し、かつその違反の解消を要求する書面による通知後 30 日以内にその違反が解消されない場合、本契約を解約することができる。
18.02　Either party may terminate this Agreement by giving written notice thereof to the other	18.02　いずれの当事者も、その相手方に以下の一つ又はそれ以上の事由が発生した場合、相手方に書面にて通知することによって、本契約を

party, if one or more of the following events occurs to the other party:

(a) Appointment of a trustee or receiver for all or any part of the assets of the other party;

(b) Insolvency or bankruptcy of the other party;

(c) General assignment by the other party for the benefit of creditors;

(d) Expropriation of the business or assets of the other party; or

(e) Dissolution or liquidation of the other party.

18.03 Expiration or termination of this Agreement shall not relieve the parties hereto of their obligations due at the time of such expiration or termination, nor shall expiration or termination prejudice any claim of either party accrued on account of any default or breach by the other party.

18.04 Upon expiration or termination of this Agreement, Consignee shall notify Customers in Territory thereof.

18.05 In case Consignee holds a stock of unsold Products at the time of expiration or termination of this Agreement, Consignee shall, at Consignor's cost, reship such Products as stocked to the place designated by Consignor within

解約することができる。

(a) 相手方の資産の全て又は一部に対する破産管財人又は財産管財人の任命

(b) 相手方の支払不能又は破産

(c) 債権者の利益のためになされる相手方の資産の一般譲渡

(d) 相手方の事業又は資産の強制買収

(e) 相手方の解散又は清算

18.03 本契約の期間満了又は解約によっても、本契約の当事者は、かかる期間満了又は解約の時点において履行期の到来している義務から解放されるものではなく、かかる期間満了又は解約によって、他方当事者の契約違反によって一方当事者に生じた請求権が不利な扱いを受けるものではない。

18.04 本契約の期間満了又は解約の際、受託者は、その旨を本件販売地域内の本件顧客に通知するものとする。

18.05 本契約の期間満了又は解約時において、受託者が売れ残った本件製品の在庫を保有している場合、受託者は、委託者の費用で、委託者による積戻しの要請後 30 日以内に、かかる在庫製品を委託者の指定する場所に積み戻さなければならない。

thirty (30) days after request by
Consignor of reshipment.

解説

第18条 〔期間満了及び解約〕

18.01 期間満了による終了のほか、一方当事者の重大な契約違反が存在する場合には、その相手方当事者は、契約関係を終了させることができるのが通常である。しかし、解約事由となる契約違反行為を具体的に特定することは困難な場合もある。そこで、一方当事者に契約違反が存在した場合、当該違反の治癒のための時間的猶予を与え、それにもかかわらず当該違反が治癒されなかった場合に初めて解除権が発生するとするのが、本条項の趣旨である。

18.02 本条項は、委託販売契約が当事者間の信頼関係を基礎とする継続的契約関係であることに鑑み、契約違反のような背信行為がなくても、契約を継続することに支障を来たす一定の事由が相手方に発生した場合には、早期に終了できるとするのが一般的であることから、その具体例として、(a) ないし (e) において、破産、支払不能等の当事者の信用悪化事由を規定している。

18.03 本条項から18.05項までは、契約が期間満了又は解除により終了した場合の事後処理についての規定である。本条項は、契約の終了後においても、終了時点までに履行期の到来している債務については、その履行義務を免れない旨規定している。

18.04 契約が終了して受託者の販売権が消滅した場合には、アフター・サービスの関係などから、その旨を顧客に知らせる必要がある。本条項は、本契約の終了の際に、受託者から本件顧客に対し、本契約の終了の事実を通知する義務を定める規定である。

18.05 本条項も、前項及び前々項と同様、契約が終了した場合の事後処理の規定である。契約の終了時に売れ残った商品の積戻しについては、トラブルの原因となる場合があるので、事前に明確に規定しておく必要がある。

■ Assignment ／契約譲渡

Article 19 Assignment

The parties shall not assign, transfer, or conduct any other disposal of this Agreement, or any rights or obligations hereunder, without the prior written consent of the other party.

第19条 〔契約譲渡〕

いずれの当事者も、本契約又は本契約に基づくいかなる権利もしくは義務を、相手方の書面による事前の承諾なくして、譲渡、移転その他の処分をしてはならない。

第19条 〔契約譲渡〕

　契約上の地位は、当事者間の経済的、人的信頼関係を基礎にするものであるから、自由に第三者に譲渡すべき性質のものではない。そこで、わが国の民法（他国の立法例においても、多くの国において、同様であると思われる）上、契約上の地位の譲渡は相手方の同意が必要である。これに対し、受託者の手数料請求権のように、契約に基づいて具体的に発生した請求権は、その性質上、譲渡することが可能である（民法466条）が、委託販売契約は、当事者間の信頼関係が重視される性質を有することを考慮して、相手方（譲渡債権の債務者）の事前の承諾を要件として譲渡性を認めるのが妥当である。

　なお、本条以下に規定される各条項は、ほとんどの国際契約に共通の一般条項としての性質を有する規定である（これらを、「Miscellaneous Provisions ／雑則」という表題のもとにまとめて規定することも少なくない）。

■ Force Majeure ／不可抗力

Article 20　Force Majeure

20.01　Neither party shall be liable for any delay or failure to perform any obligation under this Agreement resulting from fire, flood, explosion, civil disturbances, terror, war, strikes, sabotage, inability to secure raw materials or products, or resulting from the laws, regulations, act or failure to act of any governmental authority, or resulting from any other causes beyond the reasonable control of the respective party.

20.02　Failure of either party to perform any obligation under this Agreement, because of force majeure, for more than three (3) months, will represent grounds for its termination by the other party on one (1) day's prior written notice.

第20条 〔不可抗力〕

20.01　本契約のいずれの当事者も、火災、洪水、爆発、暴動、テロ、戦争、ストライキ、サボタージュ、原料及び製品の確保不能、又は法律、規則、政府の作為・不作為、その他当事者の合理的な統制力の及ばない原因に起因する本契約に基づく義務の履行遅滞又は不履行に対しては、責任を負わない。

20.02　不可抗力のために、当事者の一方が3ヶ月以上にわたって本契約に基づく義務を履行できない場合は、その相手方は、書面による1日前の事前通知をもって本契約を解約することができる。

第 20 条 〔不可抗力〕

20.01 契約上の義務の履行が、当事者の故意又は過失によらず当事者の制御できない外部的要因によって妨げられることがある。そのような外部的要因を一般に不可抗力といい、それに起因する義務の不履行についてはその当事者は免責される。どのような事由が不可抗力となるかについては、最終的には訴訟や仲裁等の場における事実認定の問題として、契約の性質及び内容を考慮して相対的に決定されることとなるが、契約書作成にあたっては如何なる事由が不可抗力に該当するかについて、予め明確に例示しておくことが望ましい。

20.02 不可抗力による免責が認められると、相手方当事者は極端に不利な立場に立たされることもあるので、衡平の見地から、その後の措置についても併せて規定しておくことが望ましい。本条項例では、一方当事者が不可抗力に起因する義務の不履行の状態が 3 ヶ月間続いた場合には、相手方当事者に解除権を認めるという形で衡平を図っている。

■ Severability／分離可能性

Article 21　Severability

　If any of the provisions in this Agreement is held to be invalid or unenforceable in any respect, such invalidity or unenforceability shall not affect the other provisions of this Agreement and this Agreement shall be construed as if such invalid or unenforceable provision had never been contained herein.

第 21 条　〔分離可能性〕

　本契約のいずれかの条項が何らかの点について無効又は執行不能とされた場合であっても、かかる無効又は執行不能は本契約の他の条項に影響を与えず、本契約はかかる規定が含まれていなかったかの如く解釈されるものとする。

第 21 条　〔分離可能性〕

　この条項は、本契約中のいずれかの規定や条件などが法令や裁判などによって無効とされたり、拘束力を喪失させられたりした場合であっても、それ以外の条項の有効性は損なわれない旨を規定するものである。

　契約を締結する場合においては、契約の対象となる事項についての関連法規を事前に十分調査し、契約に規定する権利義務が関連法規に違反しないようにすべきであるが、各種の取引関係を規定するための経済法規や政令などは、その解釈や運用に幅があったり、経済社会状況の変化によって解釈や運用が変更されたりすることが往々にしてある。特に国際取引においては、相手方の属する国の規制についての十分な調査が及ばず、契約締結後にある条項の法令違反が指摘されたりすることもあり得る。本条項は、そのような事態に備えて、仮にそのような事態が発生して

も、契約全体及び当該条項以外の規定の有効性には何らの影響も及ぼさないことを規定することによって、契約自体の存続を維持するためのものである。もっとも、無効とされる条項が、当該契約の本旨に関わるものであるような場合においては、たとえ本条項によっても、契約全体の無効を避けることはできないと考えられる。

■　Non-Waiver ／権利等の不放棄

Article 22　Non-Waiver	**第 22 条　〔権利等の不放棄〕**
A waiver by either party of any claim, demand, or right based on the breach of any provision of this Agreement shall not be construed as a waiver of any other claim, demand or right based on a subsequent breach of the same or any other provision.	当事者の一方が、本契約のいずれかの条項違反から生じた請求、要求又は権利を放棄しても、それは以後同様の条項又はその他の条項に違反した場合の他の請求、要求又は権利の放棄とは解釈されない。

解説

第 22 条　〔権利等の不放棄〕

　委託販売契約のように、一定期間継続することが予定されている契約においては、相手方当事者に不履行が生じてもその度合いが比較的軽微な場合には、損害賠償請求や解約権の行使をしないで済ませることもある。しかし、そのような対応が契約内容の変更であると解釈されて、以後同種の不履行が生じた場合に債務不履行責任を追及できなくなるという危険がある。国内での契約関係においても、不履行を重ねた当事者が、相手方から責任を追及された場合に、前回はとがめられなかったのにどうして今回に限って責任追及されるのか、といった主張をしてくることがあるが、本条項は、まさにこのような事態を避けるための規定である。

■　Notice ／通知

Article 23　Notice	**第 23 条　〔通知〕**
23.01　All notices, demands and other communications to be given in respect of this Agreement shall be made by registered airmail, postage prepaid, or facsimile, or electronic mail and shall be addressed to the other party at the address first written	23.01　本契約に関してなされる全ての通知、請求及びその他の通信は、送料前払いの書留航空便、ファクシミリ又は電子メールにより、受領者が本条に従った通知により住所を変更する場合を除き、冒頭記載の相手方の住所になされるものとする。

above unless the recipient changes its address by notice in accordance with this Article.

23.02 Notices, demands and communications mentioned above shall be deemed to have been received by the other party seven (7) days after their dispatch when made by registered airmail, and at the time of confirmation of receipt when made by facsimile or electronic mail.

23.02 上記の通知、請求及び通信は、書留航空郵便の場合は投函後7日後に、ファクシミリ又は電子メールの場合には受領確認時に、それぞれ相手方に受領されたとみなされるものとする。

解説

第23条 〔通知〕

　地理的に離れた当事者間の連絡に行き違いがないように、意思表示の伝達方法及びその効果について規定したのが本条の規定である。

23.01　本条項は、ビジネスにおける意思疎通の迅速性の要請に鑑み、意思表示の伝達手段として、書留航空郵便のほか、ファクシミリや電子メールによる伝達も認めるものである。ただし、解約権行使の意思表示等、意思表示の有無自体が争点になるおそれのあるものについては、書留航空郵便による確実な方法を用いることが望ましいといえる。

23.02　ファクシミリや電子メール等による意思表示の伝達の場合には、その効力は相手方の確認を条件とすることが適切である。

■　Entire Agreement and Modification ／完全合意及び修正

Article 24　Entire Agreement and Modification

24.01 This Agreement constitutes the complete and exclusive statement of the agreement between the parties relating to the subject matter hereof.

24.02 No modification, change or amendment of this Agreement

第24条 〔完全合意及び修正〕

24.01　本契約は、本契約の主題に関する両当事者の完全かつ唯一の合意を構成する。

24.02　両当事者の権限ある代表者により署名された本契約締結日以降の日付の書面による場合を除き、本契約の修正、変更及び改訂は、両当事者を拘束しないものとする。

shall be binding upon the parties except by writing signed by a duly authorized representative of each of the parties dated subsequent to the date of this Agreement.

解説

第24条 〔完全合意及び修正〕

24.01 本条項は、本契約の対象となる取引に関して、契約締結以前に当事者間で取り交わされた取引条件や契約締結交渉過程においてなされた当事者間の合意があったとしても、本契約の締結によって、それらはいずれも効力を失い、本契約が当事者間における唯一最終の合意を証明するものとして尊重されなければならないことを規定するものである。したがって、国内取引の契約書によくみられる「本契約に定めのない事項またはこの契約の解釈疑義を生じた場合においては、甲乙別途協議のうえ、誠意を持って円滑に解決する。」といった条項に象徴されるように、とりあえず契約を締結しておいて、何か問題が発生した場合には、契約外での話合いなどでこれを解決するといったような対応は排除されることになる。言語もその背景にある考え方も異なる当事者間で締結される国際取引契約においては、このような文言が入れられることが多い。

24.02 本条項によって、本契約の修正や変更等は、契約書中に定められる厳格な方式によってのみ認められることになる。

■ Language／言語

Article 25　Language
　This Agreement has been executed in duplicate with equal force and effect in the English language. Communication made for performance under this Agreement shall be made in English.

第25条 〔言語〕
　本契約は、英語で作成された同等の効力を有する2部で締結される。本契約の履行についての通信は、英語で行われる。

解説

第25条 〔言語〕

　国際取引契約の場合には、使用言語の異なる者どうしの間で締結されることが多く、それぞれの言語で契約書を作成しようとしても、厳密な意味においてそれらを全く同一のものにすることは不可能に近い。そこで、解釈上の不一致を極力回避するために、単一の言語によって契約書を

作成するのが一般的である。複数の言語を用いて契約書を作成した場合、それぞれの言語をもって表記された契約書間で解釈に争いが生じたときに備えて、いずれの言語による契約書をそのような場合に優先させるかを決めておく必要がある。

■ **Governing Law ／準拠法**

Article 26　Governing Law　　The validity, interpretation and performance of this Agreement shall be governed by and in accordance with the laws of Japan[, excluding the United Nations Convention on Contracts for the International Sale of Goods].	**第26条　〔準拠法〕**　　本契約の有効性、解釈及び履行は、［国際物品売買に関する国連条約を除き、］日本国法に従うものとする。

解説

第26条　〔準拠法〕

　国際取引契約では、契約当事者が異なる国に属し、しかも、それらの国の法律は互いに内容を異にしている場合がほとんどである。そこで、当該契約をいずれの国の法律によって解釈すべきかという問題が生じる。この点については、当事者間の意思によってこれを選択することができるとする原則（当事者自治の原則）を採用している国がほとんどである（わが国の法の適用に関する通則法9条参照）。

＜ウィーン売買条約＞

　国際的な物品の売買契約については、「国際物品売買契約に関する国連条約」（ウィーン売買条約）が日本についても効力を発生している。この条約の特徴は、明示的に排除しない限り自動的に適用され、国内法に優先することである。きわめておおまかに言うと、契約書でいろいろな事項を細かく定めてウィーン売買条約の適用を排除するという選択肢と、逆に契約書は結ばずに全面的にウィーン売買条約のみに従うという選択肢があり得ると思われる。ウィーン売買条約の適用を排除するのであれば、例文中の［ ］で示したような文言を入れるのがよい。

■ **Arbitration ／仲裁**

Article 27　Arbitration　　All disputes, controversies or differences arising out of or in connection with this Agreement shall be finally settled by arbitration	**第27条　〔仲裁〕**　　この契約から又はこの契約に関連して生ずることがあるすべての紛争、論争又は意見の相違は、一般社団法人日本商事仲裁協会の商事仲裁規則に従って仲裁により最終

| in accordance with the Commercial Arbitration Rules of The Japan Commercial Arbitration Association. The place of the arbitration shall be Tokyo, Japan. | 的に解決されるものとする。仲裁地は東京（日本）とする。 |

解説

第27条 〔仲裁〕

　国際取引から生じる紛争を解決するために、訴訟を提起するという方法があるが、相手国の裁判所でその国の手続法によりその国の言語で裁判をするのは、コストがかかる上に、公正な裁判が期待できない国もある。そこで、当事者双方が選任権を有する仲裁人により、合意した手続ルールや言語によることができる仲裁によって紛争を解決するという方法が国際取引ではよく使われている。仲裁によれば、迅速に、それゆえに安価に紛争を解決することができ、しかも強制執行が必要となる場合にも、判決よりも仲裁判断の方が多くの国が締約国となっている条約があるためにスムーズだからである。

　仲裁条項のドラフティングでは、仲裁の対象となる紛争の範囲、仲裁機関、仲裁規則、仲裁地などを明確に規定する必要がある。この条項は、日本商事仲裁協会（JCAA）の商事仲裁規則に従って東京での仲裁により紛争解決をすると定めるものである。このような仲裁合意をしておけば、相手方が訴訟を提起してきても、その訴えの却下をもとめることができる。詳しくは「III. 仲裁条項のドラフティング」参照。

■　**Headings ／表題**

| **Article 28　Headings**　The headings of each article in this Agreement are inserted for convenience of reference only and shall not be used to construe or interpret this Agreement. | **第28条 〔表題〕**　本契約における各条項の表題は、単に参照の便宜のために挿入されたものであり、本契約の解釈のために用いられてはならない。 |

解説

第28条 〔表題〕

　各条項の「見出し」の拘束力について規定する。表題は、もっぱら、契約書を読みやすくして、問題となる事項に関する条項の検索を容易にする目的で付けられるものであるから、契約内容の解釈とは無関係であることを明記しておいた方がよい。

■ 末尾文言および署名欄

IN WITNESS WHEREOF, the parties hereto have caused this Agreement to be duly executed in duplicate by their duly authorized representatives as of the day and year first above written, each party retaining one copy thereof respectively.

Consignor :_____
Name :
Title :
Consignee :_____
Name :
Title :

本契約を証するため、両当事者は、適法に授権された代表者により、冒頭記載の日付に、本契約を2通作成し、各自その1通を保有するものとする。

委託者：_____
氏名：
肩書：

受託者：_____
氏名：
肩書：

解説

末尾文言

"IN WITNESS WHEREOF" ではじまる決まり文句である。この契約が両当事者の権限を有する正当な代表者によって調印され発効したことを宣言するまとめの部分である。

署名欄

署名は、代表権を有する者又は代表者の委任のある者が行わなければならない。署名に際しては、通常署名権限の有無を確認する意味でも署名者の氏名と共に同人の肩書も表示しておくべきである。代表権を示す署名者の肩書はもちろん、遠隔地間で離れて調印する場合には、調印の日付や場所をそれぞれ記載しておくべきである。なお、立ち会った証人（Attest 又は Witness）の署名欄を設ける場合もある。

III. 仲裁条項のドラフティング

１．仲裁とは
（１）法制度としての仲裁

　一般に、仲裁とは「争いの間に入り、両者を取りなし仲直りをさせること」との意味で使われることが多いが、法制度としての仲裁は、紛争当事者間の合意により仲裁人が紛争解決をするものである。分かりやすく言えば、仲裁は法律で認められた私設の裁判である。

　仲裁は、当事者の合意、すなわち、仲裁合意がその根幹である。仲裁合意とは、当事者が紛争の解決を第三者の判断に委ね、その判断に従う旨の合意である。仲裁合意において様々なことを決めておくことはできるものの、細かく合意事項を定めることは煩雑であるので、日本商事仲裁協会（JCAA）のような仲裁機関の仲裁規則によることを定めておくのが普通である。通常、契約書中に仲裁条項として定めておく。仲裁合意があるにもかかわらず、一方の当事者が裁判所に提訴した場合には、他方の当事者が仲裁合意の存在を主張すれば（妨訴抗弁）、裁判所はその訴えを却下することになる。

　仲裁において、裁判官の役割を果たす第三者を仲裁人という。当事者が裁判官を選ぶことはできないが、仲裁人は当事者が合意により選ぶことができる。１名の仲裁人とすることを合意していて、その選任について合意できなければ、仲裁条項において指定している仲裁機関の規則により、その仲裁機関が決定をする。例えば、JCAA の「商事仲裁規則」や「インタラクティヴ仲裁規則」では、３名の仲裁人とすることを合意している場合には、各当事者が１名の仲裁人を選任し、そうして選任された２名の仲裁人が最後の１名を選任する。この合意ができない場合にも JCAA が決定することになる。仲裁人は、当事者の一方が、仲裁手続を無視して何ら対応しない場合でも、仲裁手続を進めることができ、仲裁判断を下すことができる。

　仲裁判断は、確定判決と同一の効力があり、相手方が任意に履行しない場合は、裁判所により強制執行してもらうことができる。

（２）仲裁の特長
（a）国際性

　仲裁法によれば、仲裁判断には、確定判決と同一の効力が認められている。判決の場合には、外国で日本の裁判所の判決の効力が認められるかどうかはその外国の法律次第であるが、仲裁判断の場合には、他の締約国においてされた仲裁判断を一定の要件のもとに承認し、これに基づき強制執行すること約束した「外国仲裁判断の承認および執行に関する条約」（ニューヨーク条約）がある。現在、ニューヨーク条約の締約国は 160 カ国以上であり、ほぼすべての国が締約国になっているということができる。

　なお、非締約国のうち、わが国と取引の多い国として台湾がある。しかし、台湾は自国の仲裁法においてニューヨーク条約と同様の要件を定めている。

(b) 中立性

　仲裁は、手続および判断の中立性を確保することができる。異なる国の当事者の間の取引をめぐる紛争を、一方当事者の国の裁判所によって解決することは、手続法や言語などの違い、さらには適切な弁護士の選任や管理ができないといったことなどから、他方当事者にとって不利である。また、腐敗した裁判官がいる国もある。この点、仲裁は当事者間の合意に基づく紛争解決制度であり、仲裁人の選任、手続言語、手続の進め方などについて、広く当事者の合意によることが認められている。例えば、中国企業と日本企業と間の紛争であっても、英語により、第三国籍の仲裁人による仲裁によって解決することもできる。

(c) 手続の柔軟性

　訴訟では、手続のルールは訴訟法に定められており、これを変更することは認められない。他方、仲裁は当事者の合意を基礎にするものであり、当事者が合意により手続の進め方を決めることができる。たとえば、紛争解決期間を 6 カ月と限定して、その期間内に仲裁判断を下すことを仲裁人に求めることや、手続のすべてを書面やテレビ会議によってのみ行うことも可能である。

(d) 非公開性

　訴訟では、一般に手続が公開される。わが国では、憲法 82 条 1 項は「裁判の対審及び判決は、公開法廷でこれを行ふ。」と規定している。他方、例えば JCAA 仲裁の場合、仲裁を行っていることや仲裁判断の内容について仲裁人も当事者も守秘義務を負っているので、業界の他社に知られることはない。

(e) 迅速性

　訴訟は三審制であり、最高裁まで争われると数年はかかる。これに対し、仲裁では、仲裁判断が下されれば、これに対する上訴はできないので、訴訟と比べると迅速に紛争解決を得ることができる。

2．仲裁条項のヒント

　当事者は、仲裁法の公の秩序に関する規定に反しない限り、どのように仲裁手続を行うかを自由に決めることができる。仲裁には仲裁機関を利用して仲裁手続を行う「機関仲裁」と仲裁機関を利用しないで当事者のみで仲裁手続を行う「アド・ホック仲裁」の 2 つがあるところ、「アド・ホック仲裁」では、現実にうまく仲裁手続が進まないだけでなく、仲裁合意が一応存在するために訴訟ができないという八方塞がりになったケースもある。仲裁に不慣れな場合には、JCAA のような仲裁機関を利用した「機関仲裁」が安全である。

　機関仲裁を利用する場合の仲裁条項のドラフティングでは、利用する規則を特定するだけを定めることもあるが、これに加えて、具体的な手続の方法、仲裁人の資格・数、仲裁手続の言語、手続費用の負担などの定めを盛り込むこともある。以下では、様々な仲裁条項の具体例をあげ、それぞれの特長について考える。

（1）JCAA の３つの仲裁規則に基づく仲裁条項

JCAA では、（a）商事仲裁規則、（b）インタラクティヴ仲裁規則、（c）UNCITRAL 仲裁規則、以上３つの仲裁規則に基づく仲裁を提供している。これらの仲裁規則はそれぞれに特長を有し、当事者はその中からふさわしい規則を選択することができる。これらの仲裁規則は JCAA のウェブサイト（http://www.jcaa.or.jp/）からダウンロードが可能である。

（a）商事仲裁規則によって仲裁を行う場合の仲裁条項例

All disputes, controversies or differences arising out of or in connection with this Agreement shall be finally settled by arbitration in accordance with the Commercial Arbitration Rules of The Japan Commercial Arbitration Association. The place of the arbitration shall be Tokyo, Japan.	この契約から又はこの契約に関連して生ずることがあるすべての紛争、論争又は意見の相違は、一般社団法人日本商事仲裁協会の商事仲裁規則に従って仲裁により最終的に解決されるものとする。仲裁地は東京（日本）とする。

解説

商事仲裁規則【日本語・英語】は、UNCITRAL 仲裁規則の規定を基礎にし、その上で、最新の国際実務を反映した規定を備え、かつ、実務上争いが生じ得る論点についてきめ細やかに対応した仲裁規則である。特長的な規定は、以下のとおりである。

- 迅速仲裁手続に関する規定
- 緊急仲裁人による保全措置命令に関する規定
- 複数の契約から生ずる紛争を１つの仲裁手続で解決することに関する規定
- 多数当事者が関与する紛争を１つの仲裁手続で解決することに関する規定
- 仲裁手続中の調停に関する規定
- 仲裁人による補助者の利用に関する規定
- 第三仲裁人の選任について当事者選任仲裁人が一方当事者の意見を個別に聴く場合に関する規定
- 少数意見の公表の禁止に関する規定

（b）インタラクティヴ仲裁規則によって仲裁を行う場合の仲裁条項例

All disputes, controversies or differences arising out of or in connection with this Agreement shall	この契約から又はこの契約に関連して生ずることがあるすべての紛争、論争又は意見の相違は、一般社団法人日本商事仲裁協

be finally settled by arbitration in in accordance with the Interactive Arbitration Rules of The Japan Commercial Arbitration Association. The place of the arbitration shall be Tokyo, Japan.	会のインタラクティヴ仲裁規則 に従って仲裁により最終的に解決されるものとする。仲裁地は東京（日本）とする。

インタラクティヴ仲裁規則【日本語・英語】は、商事仲裁規則と共通する規定を有しつつ、その上で、仲裁廷が争点の明確化に積極的に関与し、かつ、当事者が主張立証活動を効率的・効果的に行うことができるようにするための工夫として、以下のような特長的な規定を置いている。

- 仲裁廷は、手続の出来るだけ早い段階で、当事者に対し、当事者の主張の整理及び暫定的な争点について書面で提示し、当事者の意見を求めなければならない。
- 仲裁廷は、遅くとも証人尋問の要否について決定をする前に、当事者に対し、重要な争点に関する暫定的な見解を書面で提示しなければならない。

（c）UNCITRAL 仲裁規則＋ UNCITRAL 仲裁管理規則によって仲裁を行う場合の仲裁条項例

All disputes, controversies or differences arising out of or in connection with this Agreement shall be finally settled by arbitration in accordance with the UNCITRAL Arbitration Rules supplemented by the Administrative Rules for UNCITRAL Arbitration of The Japan Commercial Arbitration Association. The place of the arbitration shall be Tokyo, Japan.

UNCITRAL 仲裁規則（＋ UNCITRAL 仲裁管理規則）【英語のみ】には、以下の特長がある。

- 国際連合国際商取引委員会（UNCITRAL）が作成した仲裁規則である。
- 仲裁手続を円滑に行う上で最低限必要なルールを規定している。
- UNCITRAL 仲裁管理規則は、UNCITRAL 仲裁規則に基づき JCAA が事務局として仲裁手続の初めから終わりまでサポートをする上で必要な事項について定めたものであり、UNCITRAL 仲裁規則を補完するものである。

（2）機関仲裁条項（仲裁機関を指定する仲裁条項）

All disputes, controversies or differences arising out of or in	この契約から又はこの契約に関連して生ずることがあるすべての紛争、論争又は意

connection with this Agreement shall be finally settled by arbitration in accordance with the Commercial Arbitration Rules of <u>The Japan Commercial Arbitration Association</u>. The place of the arbitration shall be Tokyo, Japan.	見の相違は、<u>一般社団法人日本商事仲裁協会</u>の商事仲裁規則に従って仲裁により最終的に解決されるものとする。仲裁地は東京（日本）とする。

解説

　仲裁には仲裁機関を利用して仲裁手続を行う「機関仲裁」と仲裁機関を利用しないで当事者のみで仲裁手続を行う「アド・ホック仲裁」の2つがあるが、「機関仲裁」を選択する場合、どのような仲裁機関を利用すべきかが問題となる。

　仲裁というのは、仲裁条項を含む契約を締結した後、実際に仲裁を利用するのは数年後、数十年後のことになる。JCAAの仲裁事件でも、10年、20年前に締結した契約に基づいて仲裁申立てがなされることは、決して珍しいことではない。したがって、仲裁機関の選択においては、仲裁機関の存続性というものがとても重要な要素である。契約締結時に存在していたとしても、実際に紛争が生じて仲裁を申し立てようと思ったら、仲裁機関が無くなっていれば、仲裁での紛争解決手段が失われてしまう。仲裁機関はウイスキーの醸造メーカーのようなもので、よいウイスキーを仕込んでもそれが現実に利益を生むまでには一定の期間を要するため、その一定期間を生き延びる必要があり、資金不足で消滅してしまうおそれがある。

　近年、国際仲裁の発展に伴って、各国で次々に新しい仲裁機関が設立されているが、特に、新しい仲裁機関の場合には、安易に選択するようなことはせず、その存続性について調査する必要がある。この点、JCAAは、1950年に日本商工会議所の国際商事仲裁委員会として設置されて以降、半世紀以上にわたる歴史を有し、財政基盤も数多くの会員の支援と他事業からの収益によって安定しており、さらに何よりカントリーリスクのない日本の仲裁機関であるので、その存続性にいささかの問題もない。

（3）仲裁規則を規定する仲裁条項

All disputes, controversies or differences arising out of or in connection with this Agreement shall be finally settled by arbitration in accordance with <u>the Interactive Arbitration Rules</u> of the Japan Commercial Arbitration Association.	この契約から又はこの契約に関連して生ずることがあるすべての紛争、論争又は意見の相違は、一般社団法人日本商事仲裁協会の<u>インタラクティヴ仲裁規則</u>に従って仲裁により最終的に解決されるものとする。

　仲裁は当事者自治を基本とする紛争解決方法である。当事者は、仲裁法の公の秩序に関する規定に反しない限り、どのように仲裁手続を行うかを自由に決めることができる。したがって、当事者が仲裁手続の一つ一つについて検討し決めても良いが、実際にそのようなことをすることは大変面倒であるし、そもそも仲裁手続に不慣れな当事者にとっては、とても難しいことである。そこで、手続管理の専門機関である仲裁機関が、仲裁手続を行うためにドラフトした手続準則の「セット」を利用することになる。これが仲裁規則である。仲裁規則は、仲裁手続の細部に至るまで検討して、円滑にかつ実効的な紛争解決を実現するための様々な事項を定めたものであり、これを契約で採用することによって、当事者の合意内容になるので、個々の事項についての交渉の手間を省くことができる。

　とはいえ、特定の仲裁規則による仲裁を定める条項を契約に盛り込むということは、その仲裁規則が定めている内容のすべてを合意するということを意味するので、本来は仲裁規則の内容を事前にチェックして、万一紛争が発生した場合に自分の側にとって不都合はないのか、有利なのかを検討する必要がある。しかし、実際のところ、法務担当者であっても、仲裁の経験が豊富な方は滅多にいないので、仲裁規則を読んでみても、どのような状況が生じる可能性があるのか、その際にその規定はどのように作用するのかを評価することは難しい。そのような場合であっても、少なくとも、①仲裁人の選任手続の規定、②仲裁地を定める規定、③手続言語を定める規定、④仲裁人報償金や管理料金を定める規定、以上 4 つの規定については必ず確認する必要がある。

　上記の仲裁条項では、JCAA の「インタラクティヴ仲裁規則」が規定されている。インタラクティヴ仲裁規則は、仲裁廷が争点の明確化に積極的に関与することによって、当事者が主張立証活動を効率的に行うことができるよう工夫された仲裁規則である。上記の 4 つの点については、次のとおりになっている。

　①の仲裁人選任は当事者自治が原則であり、決められない場合には JCAA が定めることになっている。②の仲裁地について当事者間の合意がない場合には、申立人が仲裁申立書を提出した JCAA の事務所の所在地（東京、横浜、名古屋、大阪、神戸）が仲裁地となる。③の手続言語について当事者が合意できない場合には、仲裁廷が契約書の言語や通訳・翻訳の要否やその費用等を勘案して決定するとされている。④のうち、仲裁人報償金については、請求額に応じた定額制が採用されている点に特徴がある。たとえば、請求額が 5000 万円以上 1 億円未満で、仲裁人 1 名の場合には、200 万円であるので、予め紛争解決コストの計算が可能となる。

　仲裁条項は「真夜中の条項」（midnight clauses）の一つとされ、契約交渉の最終段階で、十分検討されることなくドラフトされることもあるが、いざ紛争が発生したときになってから適用される仲裁規則を読んで、遠隔地での仲裁を強いられるといった不利を悟ることがないように、事前のチェックを怠らないようにしなければならない。

(4)「商事仲裁規則」の迅速仲裁手続によって仲裁を行う場合の仲裁条項

All disputes, controversies or differences arising out of or in connection with this Agreement shall be finally settled by arbitration in accordance with <u>the expedited arbitration procedures of the Commercial Arbitration Rules</u> of The Japan Commercial Arbitration Association. The place of the arbitration shall be Tokyo, Japan.	この契約から又はこの契約に関連して生ずることがあるすべての紛争、論争又は意見の相違は、一般社団法人日本商事仲裁協会の商事仲裁規則の<u>迅速仲裁手続</u>に従って仲裁により最終的に解決されるものとする。仲裁地は東京（日本）とする。

解説

　商事仲裁規則第2編に定める迅速仲裁手続によって仲裁を行う場合の仲裁条項である。迅速仲裁手続は、原則、5,000万円未満の紛争を処理するために使われる仲裁手続である。仲裁人は1人で、仲裁廷の成立日から3か月以内に仲裁判断をするよう努めることとされている。一般に小額紛争に利用される手続であるが、高額紛争であっても、例えば、金銭消費貸借契約に関連する紛争など、主張・立証が比較的容易な事件にも適していると思われる。

(5) 仲裁人の要件や数を規定する仲裁条項

All disputes, controversies or differences arising out of or in connection with this Agreement shall be finally settled by arbitration in accordance with the Commercial Arbitration Rules of The Japan Commercial Arbitration Association. The place of the arbitration shall be Tokyo, Japan. <u>(i) The arbitrator shall be in possession of qualification of a lawyer in Japan. (ii) The number of the arbitrators shall be （ ）. (iii) The arbitral proceedings shall be conducted in Japanese.</u>	この契約から又はこの契約に関連して生ずることがあるすべての紛争、論争又は意見の相違は、一般社団法人日本商事仲裁協会の商事仲裁規則に従って仲裁により最終的に解決されるものとする。仲裁地は日本（東京）とする。<u>(i) 仲裁人は日本の弁護士資格を有する者とする。(ii) 仲裁人の数は、（ ）人とする。</u>

解説

(i) 仲裁人の要件

　当事者は仲裁条項において仲裁人の要件を自由に定めることができるが、現実的に選任が可能な要件を規定する必要がある。極端な例として、JCAA は、過去に、①フランスの弁護士資格を有し、②日本語で仲裁手続を行うことができ、③国際的な建設紛争に 10 年以上の経験がある者、という要件を定めてもよいかとの問い合わせを受けたことがある。もちろん、これらの条件を仲裁人の要件として定めることは可能であるが、現実的に、これらすべての要件を満たす仲裁人を探すことは極めて困難であると思われる。日本の仲裁法 18 条 1 項 1 号は、当事者の合意により定められた仲裁人の要件を具備しないことを忌避の原因として挙げている。特別の要件を仲裁条項に盛り込む際は、実際に機能するか否かをよく検討しなければならない。

(ii) 仲裁人の数

　一般に、仲裁実務では、仲裁人の意見が分かれて手続が行き詰まらないようにするために、1 人又は 3 人とされ、3 人の場合には両当事者が各 1 名を選任し、そうして選任された 2 名の仲裁人が 3 人目の仲裁人を選任することとされている。仲裁人の数は、当事者の合意によって定めることができるため、仲裁条項のドラフティングの際に、仲裁人の数を予め規定するか否か、規定する場合には何人と規定するかが問題となる。

　一見すると、1 人より 3 人のほうが、より慎重な判断を期待することができ、何より、自ら選任した仲裁人を仲裁廷の中に送り込むことできるのでよさそうに思われる。しかし他方で、単純に 3 倍の仲裁人報償金及び仲裁人経費を要する。手続期間についても、各仲裁人の都合の調整や合議の時間がかかるため、単独仲裁人による仲裁手続より、長い期間がかかる。

　仲裁人の数を決める上で、もっとも重要なことは、発生し得る紛争の規模と複雑さの予測である。JCAA 仲裁では、過去に、2000 万円〜 3000 万円程度の請求金額の単純な事件で、仲裁条項に仲裁人の数が 3 人と規定されていたため、3 人で仲裁廷を構成し、手続を実施した例がある。この事件では仲裁人の数は 1 人で十分であったと思われる。また、仲裁条項に仲裁人の数が 3 人と規定されている場合であって、迅速仲裁手続による旨の規定がないときには、紛争金額が 5000 万円未満の小額紛争であっても、商事仲裁規則 84 条 1 項ただし書により、迅速仲裁手続が適用されなくなる。

　高額で複雑な紛争の発生が予想されるということであれば、仲裁人の数を 3 人と定める仲裁条項とすることでもよいが、そのような予測が立たない場合には、仲裁人の数は規定しないほうがよい。当事者間に仲裁人の数について合意がない場合には、商事仲裁規則 26 条 1 項により、その数は 1 人となる。これは、当事者が 2 人の場合であって仲裁人の数について合意ができないときは、仲裁人の数は 3 人とすると定める仲裁法 16 条 2 項の適用を排除する合意として有効である。そして、商事仲裁規則 26 条 3 項により、いずれの当事者も、被申立人が仲裁申立ての通知を受領した日から 4 週間以内に、JCAA に対し、仲裁人の数を 3 人とすることを書面により求めることができ、この場合において、JCAA は紛争の金額、事件の難易その他の事情を考慮し、これを適当と認めたときは、仲裁人は 3 人とすることができる。

したがって、契約から発生する紛争の規模と複雑さの予測が困難な場合には、仲裁人の数は定めず、その数の決定を JCAA にお任せいただくことをお勧めする。

（6）仲裁手続の言語を規定する仲裁条項

All disputes, controversies or differences arising out of or in connection with this Agreement shall be finally settled by arbitration in accordance with the Commercial Arbitration Rules of The Japan Commercial Arbitration Association. The place of the arbitration shall be Tokyo, Japan. <u>The arbitral proceedings shall be conducted in Japanese.</u>	この契約から又はこの契約に関連して生ずることがあるすべての紛争、論争又は意見の相違は、一般社団法人日本商事仲裁協会の商事仲裁規則に従って仲裁により最終的に解決されるものとする。仲裁地は東京（日本）とする。<u>仲裁手続は日本語によって行なう。</u>

解説

　当事者は仲裁手続の言語（以下「手続言語」）を自由に定めることができる。例えば、「商事仲裁規則」や「インタラクティヴ仲裁規則」に基づく仲裁手続では、当事者間に、手続言語を定める合意がない場合には、仲裁廷が手続言語を決定する。仲裁廷は、手続言語の決定に当たり、仲裁合意を規定する契約書の言語、通訳及び翻訳の要否並びにその費用その他の関連する事情を考慮しなければならないとされている。一般に、国際契約書は英語で作成されていることが多く、その結果、手続言語の合意がない場合には、英語が手続言語となっている。日本企業にとって、英語で手続を実施することは負担が大きいため、日本語で仲裁手続を行ないたい場合には、予めその旨を仲裁条項に定めておく必要がある。

　仲裁条項で、たとえば「仲裁手続は英語及び日本語による。」といったように、複数の仲裁手続の言語を規定することもできる。しかし、これは実務的には問題が発生しやすく、費用や労力も大きい。というのは、上記の条項例によれば、日本語だけで書面を提出することができるのか、それとも日本語と英語の両方の言語で書面を提出しなければならないのかが定かではないからである。仮に、日本語の書面だけで、よいとされる場合であっても、仲裁廷の中に英語しか理解できない仲裁人がいる場合には、結局、英語の書面も提出せざるを得なくなる。したがって、日本語と英語のいずれの言語でも手続を行なえるようにするためには、仲裁人は両方の言語を問題なく使いこなせることを要件とするといった定めもしておくのが望ましいということになる。たとえば、次のような条項である。

The arbitral proceedings shall be conducted in Japanese or English.	仲裁手続の言語は日本語又は英語によって行なう。仲裁人は、日本語および英語で

| The Arbitrator shall be competent to conduct the arbitral proceedings in both Japanese and English. | 仲裁手続を行なえなければならない。 |

しかし、そのような言語能力を有する適任者の絶対数は少なく、仲裁人選任作業が難航することが想定される。このように、複数の手続言語も定めるという条項は注意を要する。

（7）仲裁費用の負担を定める仲裁条項

| All disputes, controversies or differences arising out of or in connection with this Agreement shall be finally settled by arbitration in accordance with the Commercial Arbitration Rules of The Japan Commercial Arbitration Association. The place of the arbitration shall be Tokyo, Japan.
The losing party shall bear the arbitrator's remuneration and expenses, the administrative fee and other reasonable expenses incurred with respect to the arbitral proceedings (hereinafter the "Arbitration Cost"). In the case where a part of claims is admitted, the Arbitration Cost shall be borne in accordance with the determination of the arbitral tribunal at its discretion. The parties shall each bear their own costs as well as counsels' and other experts' fees and expenses in the arbitral proceedings. | この契約から又はこの契約に関連して生ずることがあるすべての紛争、論争又は意見の相違は、一般社団法人日本商事仲裁協会の商事仲裁規則に従って仲裁により最終的に解決されるものとする。仲裁地は東京（日本）とする。
仲裁人報償金、仲裁人経費、管理料金、その他の仲裁手続のための合理的費用（以下「仲裁費用」）は、敗れた当事者が負担する。請求の一部のみが認められた場合における各当事者の仲裁費用の負担は、仲裁廷が、その裁量により定める。各当事者は、仲裁手続における当事者自身の費用並びに代理人その他の専門家の報酬及び経費を負担する。 |

解説

　商事仲裁規則80条1項では、仲裁手続の費用として、①仲裁人報償金、仲裁人経費、管理料金、その他の仲裁手続のための合理的な費用のほか、②当事者が負担する代理人その他の専門家の報酬及び経費をあげており、同条2項で仲裁人が、当事者の負担割合を決定すると定めている。仲裁は当事者自治に基づく手続であるので、仲裁手続の費用負担についても当事者が定めることができる。JCAA仲裁の過去の例をみると、仲裁手続のために当事者が負担するコストの8割から9割は代理人への報酬及び経費の支払いである。なお、代理人の報酬は中小の法律事務所より大手事務所、日本の法律事務所より外国の法律事務所の方が高額であるのが通常である。

　条項例では、上記の①については、敗れた当事者が仲裁費用を負担することとし、一部の請求が認められた場合（部分的に敗れた場合）には仲裁廷が裁量で各当事者の負担を決定すると定め、②については各当事者が自分自身の費用並びに代理人その他の専門家の報酬及び費用を負担すると定めている。

(8) 多層的紛争解決条項

　The parties shall attempt to negotiate in good faith for a solution to all disputes, controversies or differences arising out of or in connection with this Agreement (hereinafter referred to as "disputes").

　If the disputes have not been settled by negotiation within [two] weeks from the date on which one party requests to other party for such negotiation, the parties shall attempt to settle them by mediation in accordance with the Commercial Mediation Rules of the Japan Commercial Arbitration Association (hereinafter referred to as "JCAA"). The parties shall conduct the mediation in good faith at least [one] month from the date of filing.

　If the disputes have not been settled by the mediation, then they shall be finally settled by arbitration in accordance with the Commercial

　当事者は、この契約から又はこの契約に関連して生ずることがあるすべての紛争、論争又は意見の相違（以下、「紛争」という）の解決のために、誠実に協議するように努めなければならない。

　一方の当事者が相手方の当事者に対し、協議の要請を行った日から［2］週間以内に、協議によって紛争が解決されなかったときは、当事者は一般社団法人日本商事仲裁協会（以下、「JCAA」という）の商事調停規則に基づく調停を試みるものとする。当事者はその申立ての日から少なくとも［1］カ月、誠実に調停を行わなければならない。

　上記の調停によって紛争が解決されなかったときは、紛争はJCAAの商事仲裁規則に従って仲裁により最終的に解決されるものとする。仲裁地は東京（日本）とする。

Arbitration Rules of the JCAA. The
place of the arbitration shall be Tokyo,
Japan.

解説

　仲裁費用の高額化や仲裁手続の長期化の懸念から、その解決策の1つとして、当事者に仲裁手続を開始する前に、交渉や調停によって紛争解決を試みることを義務づける手続が採用されることがある。上記の「多層的紛争解決条項」では、紛争が生じた場合には、まず初めに、当事者は誠実な「交渉」による解決を試みて、それにより解決ができなかった場合には、次に中立的な第三者を介した交渉である「調停」を利用し、それでもなお、紛争の解決に至らない場合には、最終的に、強制的な手続である「仲裁」で解決するという段階的な紛争解決手続となっている。

　多層的紛争解決手続において注意すべきことは、交渉や調停の手続が、紛争を解決したくない当事者に、遅延策として利用されないように、予め手続期間を決めておく必要がある（上記の多層的紛争解決条項において少なくとも1カ月は調停を行うことを義務付けているが、この期間を定めていない場合にはJCAAの商事調停規則には期間の定めがあり、それは当事者が別段の合意をしない限り3カ月となっている）。

　また、多層的紛争解決手続では、相手方が誠実に交渉によって解決する姿勢がある場合には効果が期待されるが、現実に紛争が発生した場合に協議や調停による解決が期待できないこともあり得るので、期間を余り長く設定していると、その期間、最終的な解決手段である仲裁を開始できないことになってしまうので、ドラフティングの際にはそのことも考慮する必要がある。

（9）交差型仲裁条項（クロス条項）

All disputes, controversies or
differences arising out of or in
connection with this Agreement shall be
finally settled by arbitration. If arbitral
proceedings are commenced by X
(foreign corporation), arbitration shall
be held pursuant to the Commercial
Arbitration Rules of The Japan
Commercial Arbitration Association
and the place of arbitration shall be
Tokyo, Japan; if arbitral proceedings
are commenced by Y (Japanese
corporation), arbitration shall be held

　この契約から又はこの契約に関連して、当事者の間に生ずることがあるすべての紛争、論争又は意見の相違は、仲裁により最終的に解決されるものとする。X（外国法人）が仲裁手続を開始するときは、一般社団法人日本商事仲裁協会の商事仲裁規則に基づき仲裁を行い、仲裁地は東京（日本）とする。Y（日本法人）が仲裁手続を開始するときは、（仲裁機関の名称）の（仲裁規則の名称）に基づき仲裁を行い、仲裁地は（外国の都市名）とする。

　当事者の一方が上記の地のうちの一においてその仲裁機関の規則に従って仲裁手続

pursuant to (the name of rules) of (the name of arbitral institution) and the place of arbitration shall be (the name of the city in foreign country).

Once one of the parties commences arbitral proceedings in one of the above places in accordance with the rules of the respective arbitral institution, the other party shall be exclusively subject to the arbitral proceedings and shall not commence any arbitral proceedings as well as court proceedings. The time receipt of the request for arbitration by the arbitral institution determines when the arbitral proceedings are commenced.

を開始した場合には、他方の当事者はその仲裁手続に排他的に服し、他の仲裁手続も訴訟手続も開始してはならない。その仲裁機関によって仲裁申立てが受領された時をもって、仲裁手続がいつ開始したかを決定する。

解説

　交差型仲裁条項は仲裁の相手方（これを通常、仲裁の被申立人という）の所在地を仲裁地として仲裁手続を行うことを定める仲裁条項である。被告地主義仲裁条項や Finger pointing clause とも呼ばれている。相手方の仲裁機関は通常、相手国の仲裁機関が規定される。この仲裁条項の場合、相手方が契約違反をした場合、相手国で仲裁を行うことになるので、相手方が契約違反をする危険性が高い場合には注意が必要である。また、理論的には、仲裁申立てを受けた当事者が、反対請求の申立てではなく、別途、相手国において仲裁を申し立てる可能性があるため、そのような事態を避けるためには、一つの仲裁手続が開始した場合には、別の仲裁手続を開始することはできない旨の定めも合わせて規定しておくことがより望ましい。

（10）準拠法条項と仲裁条項

1. This contract shall be governed by and construed under the laws of Japan.
2. All disputes, controversies or differences arising out of or in connection with this Agreement shall be finally settled by arbitration in accordance with the Commercial

1. この契約は日本法に準拠し、解釈されるものとする。
2. この契約から又はこの契約に関連して生ずることがあるすべての紛争、論争又は意見の相違は、一般社団法人日本商事仲裁協会の商事仲裁規則に従って仲裁により最終的に解決されるものとする。仲裁地は東京（日本）とする。

Arbitration Rules of The Japan
Commercial Arbitration Association.
The place of the arbitration shall be
Tokyo, Japan.

　契約の準拠法を定める条項は仲裁条項などの紛争解決条項とは別に定められることもあるが、上記のように、1項と2項として、両者をセットにして定められることもある。しかし、そもそも、この2つは異なる機能を果たすものであるので、以下のことを十分に認識しておくことが必要である。

　紛争解決条項は、紛争の発生に備えて定めるものであり、紛争が発生してはじめてその適用が問題になる。これに対して、準拠法条項は、紛争が発生するかしないかとは関係なく、契約がスムーズに履行されている間も、当事者間の権利義務及び法律関係の発生、効力、終了などを規律し続ける。

　JCAAへの相談事例として、被申立人の国での仲裁を行うことを定める「交差型仲裁条項」（上記（9））を採用するつもりであるところ、準拠法条項もこれと一体化させ、被申立人の国の法による旨を定めることにしてよいか、とのご質問を受けたことがある。仲裁条項を交差型にするのは、仲裁申立てをする際のハードルを上げ、申立てに踏み切る前の和解交渉や調停が促進されるという効果を期待することができる。

　しかし、準拠法条項をそれに合わせて交差型にしてしまうと、仲裁申立てをいずれの当事者が行うかによって、準拠法が違うということになるので、仲裁申立てがあるまでは準拠法は定まっていないことになる。そうすると、契約は果たして成立しているのか、契約不履行が発生しているのかといった問題について、仲裁申立てまでは準拠法が決まらず、したがって、一義的な答えが得られないことになり、混乱が生ずることになります。準拠法条項と仲裁条項との役割を正しく理解していれば、交差型の準拠法条項はあり得ないことである。

　なお、準拠法条項について付言すると、当事者間で合意すれば準拠法を定めることができるということは、法の適用に関する通則法7条により、特に仲裁による解決の場合には仲裁法36条により定められている。もっとも、それはあくまで契約問題についてであり、会社の代表権には会社設立準拠法が、担保物権には担保目的物の所在地法（債権を目的とする場合にはその債権の準拠法）が適用される等、契約以外の問題については問題に応じて異なる準拠法が適用されることになります。また、代理店の保護規制とか、競争法（独禁法）等の公法上の問題も、準拠法条項では如何ともし難く、複数の国の公法の適用範囲に入っていれば、複数の国の公法の適用もあり得る。

　また、契約問題に限ってみても、安易に契約相手の国の法によることに合意してしまうと、契約書のチェックの段階から紛争の場面まで全ての局面で当該国の弁護士に相談しなければならなくなり、時間とコストがかかることにも注意が必要である。

「そのまま使えるモデル英文契約書シリーズ」のご案内

書名	版型	ISBN コード	本体価格
そのまま使えるモデル英文契約書シリーズ 委託販売契約書（CD-ROM 付）	B5 版	978-4-910250-00-7	¥2,000
そのまま使えるモデル英文契約書シリーズ 委託加工契約書（CD-ROM 付）	B5 版	978-4-910250-01-4	¥2,000
そのまま使えるモデル英文契約書シリーズ 購入基本契約書（CD-ROM 付）	B5 版	978-4-910250-02-1	¥2,000
そのまま使えるモデル英文契約書シリーズ OEM（委託者側）製品製造供給契約書【輸入用】 （CD-ROM 付）	B5 版	978-4-910250-03-8	¥2,000
そのまま使えるモデル英文契約書シリーズ OEM（製造者側）製品製造供給契約書【輸出用】 （CD-ROM 付）	B5 版	978-4-910250-04-5	¥2,000
そのまま使えるモデル英文契約書シリーズ 総代理店契約書【輸入用】（CD-ROM 付）	B5 版	978-4-910250-05-2	¥2,000
そのまま使えるモデル英文契約書シリーズ 総代理店契約書【輸出用】（CD-ROM 付）	B5 版	978-4-910250-06-9	¥2,000
そのまま使えるモデル英文契約書シリーズ 合弁契約書（CD-ROM 付）	B5 版	978-4-910250-07-6	¥2,000
そのまま使えるモデル英文契約書シリーズ 実施許諾契約書【許諾者用】（CD-ROM 付）	B5 版	978-4-910250-08-3	¥2,000
そのまま使えるモデル英文契約書シリーズ 秘密保持契約書・共同開発契約書（CD-ROM 付）	B5 版	978-4-910250-09-0	¥2,000
そのまま使えるモデル英文契約書シリーズ 技術ライセンス契約書【中国語版付】（CD-ROM 付）	B5 版	978-4-910250-10-6	¥2,000
そのまま使えるモデル英文契約書シリーズ 販売基本契約書（CD-ROM 付）	B5 版	978-4-910250-11-3	¥2,000